BEI GRIN MACHT SICH IHR WISSEN BEZAHLT

- Wir veröffentlichen Ihre Hausarbeit, Bachelor- und Masterarbeit

- Ihr eigenes eBook und Buch - weltweit in allen wichtigen Shops

- Verdienen Sie an jedem Verkauf

Jetzt bei www.GRIN.com hochladen und kostenlos publizieren

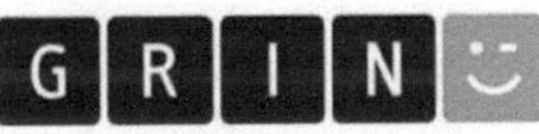

Sigrid Weyers

Linda Nochlin: Kunstgeschichte als feministische Kulturwissenschaft

GRIN Verlag

Bibliografische Information der Deutschen Nationalbibliothek:

Die Deutsche Bibliothek verzeichnet diese Publikation in der Deutschen National-
bibliografie; detaillierte bibliografische Daten sind im Internet über http://dnb.d-
nb.de/ abrufbar.

Impressum:

Copyright © 2007 GRIN Verlag GmbH
Druck und Bindung: Books on Demand GmbH, Norderstedt Germany
ISBN: 978-3-640-39640-5

Dieses Buch bei GRIN:

http://www.grin.com/de/e-book/133070/linda-nochlin-kunstgeschichte-als-feminis-
tische-kulturwissenschaft

Linda Nochlin

Kunstgeschichte als feministische Kulturwissenschaft

Seminar: Kunst nach 1945

Universität Koblenz-Landau, Campus Landau

Referentin: Sigrid Weyers

Inhaltsverzeichnis

1 Einleitung

Hat Kultur ein Geschlecht? Aus heutiger Sicht beantworten wir diese Frage in der Regel spontan mit *Nein*. Werden wir jedoch aufgefordert, bedeutende Künstlerpersönlichkeiten zu nennen, fallen fast ausschließlich männliche Namen. Selbst Studenten der Kunstgeschichte nennen auf Anhieb nur wenige Frauen, vielleicht Angelika Kauffmann[1], Paula Modersohn-Becker[2] oder Meret Oppenheim[3]. Dies gilt nicht nur für die zurückliegenden Jahrhunderte, sondern auch für das 20. Jahrhundert und damit jene kunstgeschichtlichen Strömungen, die uns näher stehen, angefangen von der Klassischen Moderne bis in die Zeitgenossenschaft. Lediglich bei den an zeitgenössischer Kunst Interessierten ist die Liste umso besser bestückt, je mehr wir uns der Gegenwart nähern. Linda Nochlin und die feministische Kunstwissenschaft wählen dieses Phänomen als Ausgangspunkt ihrer Betrachtungen, um es aus unterschiedlichen Blickwinkeln wissenschaftlich zu hinterfragen.

Hat Kultur ein Geschlecht? Im Rahmen einer Dokumentation zur Fachtagung „Welches Geschlecht hat Kultur? Geschlechtergerechtigkeit in der Kulturarbeit" kommt Silke Wenk zu dem Schluss: „Von Haben kann nicht, aber vom *Herstellen* muss die Rede sein. Und eben hier kommt der Arbeit in Institutionen der Kulturvermittlung eine wichtige Rolle zu, insofern sie die »Selbstverständlichkeiten« tradierter Stereotypen und Bilder, seien es solche des »Geschlechts« oder »der Kunst« in Frage stellen kann."[4] Damit greift sie jenen Ansatz auf, den auch Linda Nochlin in ihrem wegweisenden Aufsatz 1971 in den Mittelpunkt ihrer Darstellungen rückte, und unterstreicht dessen Aktualität.

---

[1] Angelika Kauffmann (Chur, 1741 – 1807, Rom)
[2] Paula Modersohn-Becker (Dresden-Friedrichstadt, 1876 – 1907, Worpswede)
[3] Meret Oppenheim (Berlin-Charlottenburg, 1913 – 1985, Basel)
[4] Wenk (2002), 9

2 Der Ansatz von Linda Nochlin

2.1 *Linda Nochlin – zur Person*

Linda Nochlin erlangte 1963 den Doktorgrad[5] in Kunstgeschichte am Institut of Fine Arts der New York University, wo sie zurzeit noch die Leitung des Instituts und die Lila-Acheson-Wallace-Professur[6] für Moderne Kunst innehat.[7] Schwerpunkte ihrer Arbeit sind die Malerei und Skulptur des 19. Jahrhunderts (Courbet, Manet, Degas, Cézanne), die zeitgenössische Kunst und Kunsttheorie sowie das Thema „Frauen und Kunst" („Feministische Theorie und Praxis", „Der Körper"). In Anerkennung ihrer wissenschaftlichen Arbeit verlieh ihr die Harvard University die Ehrendoktorwürde. Linda Nochlin ist Mitglied in den Auswahlgremien mehrerer bedeutenden Stiftungen, so der Guggenheim Fellowship und der Stiftung „Fellow of the American Academy of Arts and Sciences. Gleichzeitig ist sie als Mitherausgeberin der Zeitschriften „Art Bulletin" und „Art in America" tätig.

Im Spektrum feministischer Kunstwissenschaft profilierte sich Linda Nochlin 19171 durch ihren Aufsatz „Why have there been no great women artists?". Dieser war zugleich der Auftakt für die wissenschaftlichen Arbeiten, die schließlich zu der Ausstellung „Women Artists: 1550 – 1950"[8]. Die von ihr und Ann Sutherland Harris[9] gemeinsam kuratierte Schau erregte sowohl durch ihre Zusammenstellung (150 Gemälde von 83 Künstlerinnen aus vier Jahrhunderten) als auch durch den zeitgenössischen gesellschaftspolitischen Hintergrund großes Aufsehen und war 1976/77 in verschiedenen Museen der USA (Kalifornien, Texas, Pennsylvania, New York) zu sehen.

---

[5] Gemäß angelsächsischen Gepflogenheiten trägt sie den akademischen Titel eines „Ph. D."; dabei handelt es sich um einen Doktorgrad der Philosophie, der im Rahmen eines in der Regel vierjährigen Forschungsstudiums auf der Basis des Master of Arts

[6] Die Lila Acheson Wallace-Stiftung wurde eingerichtet von den Gründern der Reader's Digest Association in New York, um innerhalb der Bildenden Künste und der Theaterszene in New York kleine Gruppen und interessante Randthemen zu fördern.

[7] Sie wird auf der aktuellen Website des Instituts mit Datum vom 20. Januar 2007 noch als Mitglied des Lehrkörpers und Leiterin des Instituts geführt.

[8] Vgl. dazu auch Nabakowski (1980) Kapitel 2, Abschnitt 1

[9] Ann Sutherland Harris, B. A. Honours (First Class) 1961, Ph. D. 1965 am Courtauld Institute, University of London; Lehrtätigkeit in Großbritannien und in den USA, seit 1984 Professur am Frick Department of History of Arts and Architecture der University of Pittsburgh.

2.2 Linda Nochlin:
Warum hat es keine bedeutenden Künstlerinnen gegeben?

Dieser Frage geht Linda Nochlin in ihrem Aufsatz nach und greift mit ihrer Argumentation jenen Erkenntnisprozess auf, der sich angesichts dieser Frage eröffnet. Denn eine schnelle und populäre Antwort trägt diese Formulierung bereits in sich: Frauen sind zu wahrer künstlerischer Größe nicht fähig, deshalb gibt es keine Künstlerinnen vom Range eines Michelangelo, Rembrandt oder Picasso.

Diese Unterstellung provozierte in den vergangenen Jahrzehnten eine Welle kunsthistorischer Forschungsarbeiten, die sich vor allem der Rehabilitation vergessener oder zu wenig gewürdigter Künstlerinnen widmeten. Nochlin würdigt diese Bestrebungen, haben sie doch die Kenntnisse über die Leistungen von Frauen im Besonderen und das kunstgeschichtliche Wissen allgemein erweitert.[10] Gleichzeitig merkt sie kritisch an, dass damit das Fehlen künstlerischer Vertreterinnen von außerordentlichem Rang nicht hinreichend erklärt wird. Vielmehr suggeriere der Versuch, der Frage auf traditionelle kunstwissenschaftliche Weise entgegenzutreten, sogar, deren negative Implikation könne berechtigt sein.

Dieser Logik versuchen einige Kunstwissenschaftlerinnen dadurch zu begegnen, dass sie einen spezifisch „weiblichen Stil" postulieren, der allein aus der besonderen Lebenssituation und den Erfahrungen der Frauen resultiere und sich damit dem allgemeinen Vergleich entziehe. Dem stellt Nochlin Ergebnisse gattungs- und epochenübergreifender Studien zur Kunst und Literatur von Frauen gegenüber.[11] Diese erbrachten keine gemeinsamen Merkmale der Weiblichkeit im Kunstschaffen von Frauen. Vielmehr zeigte sich, dass die jeweils betrachteten Künstlerinnen mit den männlichen Kollegen ihrer Epoche und deren gestalterischen Auffassung stets enger verbunden sind, als sie es untereinander sind. Darüber hinaus weist Nochlin darauf hin, dass sich alleine aus einer spezifischen Themenwahl oder der Bevorzugung bestimmter Sujets kein eigenständiger Stil begründet.

Es zeigt sich also, dass weder ein biographisch orientierter Ansatz noch stilkritische Untersuchungen zur Beantwortung der Ausgangsfrage beitragen

---

[10] Siehe dazu auch Cynthia Lawrence (1997). Sie nennt neben der Kompensation kunsthistorischer Informationslücken die bessere Fundierung wissenschaftlicher Aussagen als Ziel einer umfassenderen, d. h. unter Einbeziehung der feministischen Sicht betriebenen Forschung: „moving toward more theories of patronage by focusing on an expended universe of patrons". (2)

[11] Vgl. dazu Nochlin in Söntgen (1996), 30. Als Beispiel verweist sie auf die Untersuchungen von Mary Ellmann, die diese 1968 unter dem Titel „Thinking about women" veröffentlichte.

können. Damit ergibt sich die Notwendigkeit, nach neuen Ansätzen jenseits traditioneller kunstwissenschaftlicher Forschung zu suchen.

2.2.1 Denkmodell Genie

An diesem Punkt rückt Nochlin die Ausgangsposition der ursprünglichen Frage in den Mittelpunkt: Wir schließen von der historischen Tatsache, dass wir keinen weiblichen Rembrandt kennen, auf die künstlerischen Fähigkeiten von Frauen im Allgemeinen, ohne die dahinter verborgene Logik anzuzweifeln, teilweise sogar ohne uns ihrer bewusst zu werden.

Weil Kunstgeschichte vor allem als Abfolge genialer Persönlichkeiten dargestellt wird und die empirischen Tatsachen die herrschenden Denkmodelle sich darin lückenlos einfügen, impliziert die Frage nach bedeutenden Künstlerinnen die Antwort, dass es Frauen an Talent fehle. Eine besondere Begabung als primäre Voraussetzung und die Betrachtung des Künstlers als Genie gehören zu den Grundgedanken der herrschenden kunstwissenschaftlichen Lehre. Mythen du Legenden über die Entdeckung und den Werdegang einzelner Künstler-persönlichkeiten, wie die von Vasari geschilderte Entdeckung Giottos durch Cimabue[12], liefern die Grundlage für zahlreiche Monographien. Neben solchen Erzählungen werden auch, wie bei Paul Klee, Kinderbilder als Beweise einer genetisch begründeten, geheimnisvollen Kraftquelle angeführt, aus der der Künstler schöpft und die seinen Erfolg begründet. Dabei wird jedoch übersehen, dass diese Sichtwiese sich *so* erst im 19. Jahrhundert entwickelte, als Reflex auf die ökonomischen und gesellschaftlichen Veränderungen. Damals versuchte man, mit einer quasi religiösen Überhöhung des Künstlers und seines Werkes ein Gegen-gewicht zu einer als negativ wahrgenommenen zunehmenden Materialisierung der Welt[13] zu schaffen.

---

[12] Siehe dazu Vasari (1920), 19 f.
[13] Äußere Anlässe sind die Französische Revolution und die Säkularisierung der Gesellschaft unter napoleonischer Herrschaft.

2.2.2 Empirie und Ideologie

Die Fokussierung auf den Genius als primärer Voraussetzung künstlerischer Produktion vernachlässigt jedoch soziale, ökonomische und institutionelle Faktoren. Linda Nochlin macht dies deutlich, wenn sie, quasi als hermeneutische Kontrolle, eine zweite Frage mit vergleichbarem Duktus aufwirft: Warum gibt es bis weit ins 19. Jahrhundert hinein kaum Künstler aus der Aristokratie?

Nachweisbar ist, dass bis zu diesem Zeitpunkt die Aristokratie die Mehrheit der Mäzene, der Auftraggeber und Käufer und die Mehrheit des Kunstpublikums stellte, aber nur wenige Künstler. Dabei gehörte ein gewisses Maß an musischer Bildung und musischen Fähigkeiten durchaus zum Bildungskanon für Aristokraten beiderlei Geschlechts; manche erlangten als dilettierende Künstler sogar große Anerkennung.[14] Obwohl die empirische Ausgangslage mit den Erkenntnissen über die Frauen in der Kunstgeschichte also durchaus vergleichbar ist, stellt hier niemand die Frage nach einem möglichen genetischen Mangel oder Defekt. Vielmehr lautet die allgemein anerkannte Erklärung hier, dass die gesellschaftlichen Vorstellungen von der Rolle des Adligen und seinen Aufgaben in der Gesellschaft – Führungsrolle in Verwaltung, Justiz, Militär und Diplomatie – die Existenz von Genie oder musischem Talent als Nebensächlichkeiten betrachten lässt.

Gleichzeitig ist festzustellen, dass viele Künstler aus Künstlerfamilien stammen, so Holbein, Dürer, Raffael, Bernini, Picasso, Giacometti u. a.[15] Dies geht auf eine bis weit ins 20. Jahrhundert geltende gesellschaftliche Tradition zurück, nämlich die Weitergabe des Berufes vom Vater auf den Sohn. Dass dies im künstlerischen Bereich gleichermaßen wirksam werden konnte wie in anderen Berufen, wurde in der Vergangenheit durch die Tatsache gefördert, dass die Söhne der Akademiemitglieder von den üblichen Unterrichtsgebühren befreit waren.

---

[14] Eines der prominentesten Beispiele ist der Preußenkönig Friedrich der Große als Flötist und Komponist.

[15] Ein Phänomen, das sich nicht nur bei Künstlern, sondern auch bei den wenigen übermittelten Künstlerinnenbiographien nachweisen lässt, z. B. Lavinia Fontana (Tochter des Malers Prospero Fontana, 1552, Bologna – 1614, Rom), Catharina van Hemessen (Tochter des Malers Jan Sanders van Hemessen, 1528 – 1587, Antwerpen), Artemisia Gentileschi (Tochter des Malers Orazio Gentileschi, 1597, Rom – 1653, Neapel), Maria Sibylla Merian (Tochter des Verlegers und Kupferstechers Matthäus Merian, 1647, Frankfurt a. M. – 1717, Amsterdam) und Angelika Kauffmann (Tochter des Malers Joseph Johann Kauffmann, 1741, Chur – 1807, Rom).

Hinzu kam, dass die im 16. und 17. Jahrhundert in rascher Folge entstehenden Akademien innerhalb der künstlerischen Ausbildung rasch an Bedeutung gewannen und damit die bisher Ton angebenden Werkstätten und Bauhütten verdrängten. Vom Akademiebesuch aber waren Frauen ausgeschlossen, dies änderte sich erst im Lauf der zweiten Hälfte des 19. Jahrhunderts[16], aber selbst dann blieb ihnen in der Regel der Besuch der Aktklassen verwehrt.[17] Das Aktstudium war jedoch Voraussetzung für die Historienmalerei, die bis zum Übergang ins 20. Jahrhundert als führende Gattung galt. Den weiblichen Kunstschaffenden blieb also vielfach nur die Möglichkeit, sich auf andere Gattungen zu spezialisieren, die in der zeitgenössischen Bewertung als nachrangig betrachtet wurden wie etwa Portrait, Genre, Landschaften oder Stillleben.[18] Damit war es umso leichter, jenen, die trotzdem eine künstlerische Ausbildung abschlossen, den Zugang zu Wettbewerben und den in der Regel jurierten Ausstellungen[19] zu verwehren oder doch zumindest zu erschweren und ihnen die öffentliche Würdigung vorzuenthalten.[20]

2.2.3 Frau oder Künstlerin

Der Ausschluss der Frauen vom Kunstmarkt entsprach dem im 19. Jahrhundert herrschenden Frauenbild. So galt zwar das bescheidene, technisch perfekte Niveau einer künstlerischen Amateurin als durchaus angemessener Bildungsstandard einer kultivierten Frau, gleichwohl blieb ihre Hauptaufgabe, die Sorge für den Ehemann und die Familie, davon unberührt. Diese galt als unvereinbar mit jeder anderen professionellen Tätigkeit, und es wurde von einer Frau erwartet,

---

[16] Die erste Zulassung von Frauen zum Studium an einer Kunstakademie erfolgte 1850 in Finnland, die grundsätzliche Zulassung an den Akademien in Wien und München erst 1920. Die Ausbildung in den angewandten Künsten war ihnen in München aber schon seit 1872 möglich. In der Fachliteratur wird häufig darauf verwiesen, dass die breite Zulassung der Frauen zu den Akademien zeitgleich erfolgte mit einer „Entmachtung" der Akademien.

[17] So wurden Frauen an der Londoner Akademie nach 1893 der Zugang zu den Aktklassen verweigert, im deutschsprachigen Raum war ihre Teilnahme an den Aktkursen bis in die 30er Jahre des 20. Jahrhunderts strittig.

[18] Linda Nochlin führt als Fallbeispiel die Malerin Rosa Bonheur (1822, Bordeaux – 1899, Fontainebleau) an, die sich auf Tiermalerei spezialisiert hatte. Sie kann stellvretend für viele andere Künstlerinnen stehen, die in ihren künstlerischen Entfaltungsmöglichkeiten beschränkt wurden.

[19] Die erste nicht jurierte Ausstellung überhaupt war 1874 in Paris die Schau der Impressionisten im Studio des Fotografen und Künstlers Nadar.

[20] Linda Nochlin verweist auf die Forschungsergebnisse von H. C. und C. A. White: Um 1850 war einer von drei Künstlern in Frankreich eine Künstlerin, aber keine von ihnen hatte die École des Beaux Arts besucht, nur 7 % erhielten jemals einen öffentlichen Auftrag oder ein öffentliches Amt, nur 7 % errangen bei den Salon-Ausstellungen eine Medaille. Keine erhielt den Orden der Ehrenlegion.

dass sie selbst bei ernsthaftem Interesse ihr Engagement für die Kunst zugunsten von Ehe und Familie aufgab.[21] Für die männlichen Kunstschaffenden hatte dies durchaus angenehme Folgen: Es verhinderte Konkurrenz und sicherte ihnen gleichzeitig die ungeteilte Unterstützung ihrer Ehefrauen zu.

Frauen, die sich dennoch als Künstlerinnen etablierten, mussten dafür häufig ein Leben ohne Familie, Kinder und Sexualität in Kauf nehmen. Die, die dies auf sich nahmen und ein Leben als professionelle Künstlerin führten, stammten überwiegend aus Künstlerfamilien oder standen in enger persönlicher Beziehung zu einer oft dominanten männlichen Künstlerpersönlichkeit.[22] Neue Wege eröffneten sich erst ab Mitte des 19. Jahrhunderts durch institutionelle Veränderungen wie dem nun auch für Frauen möglichen Zugang zu den Akademien.

2.2.4 Konsequenzen

Abschließend stellt Nochlin fest, dass bis heute ein gewisses Maß an Nonkonformismus erforderlich ist, wenn eine Frau sich als professionelle Künstlerin ausbilden und durchsetzen will. Dies ist zu verändern. Fortschritt in der kunstwissenschaftlichen Forschung ist aber nur möglich, wenn diese den Blickwinkel verändert und die institutionellen Bedingungen gegenüber den individuellen Voraussetzungen stärker berücksichtigt. Die Frauen müssen sich ihrerseits der Realität ihrer Geschichte und Gegenwart stellen, ohne sie zu beschönigen. Die institutionellen und theoretischen Schwachpunkte der bisherigen Sichtweise müssen aufgedeckt und verändert werden. Künstler und Künstlerinnen müssen gleichermaßen gefördert werden; nur so ist die emanzipatorische Neugestaltung der beteiligten Institutionen möglich. Ein wichtiger Schritt in diese Richtung ist die Entwicklung interdisziplinärer Ansätze, die den Blick der Kunstwissenschaft erweitern und um neue Facetten ergänzen.

---

[21] Beredtes Beispiel ist die Künstlerin Louise Moillon (1610, Paris – 1696, Paris), als junge Frau eine bekannte Stilllebenmalerin. Die Tochter des Malers und Kunsthändlers Nicholas Moillon heiratete 1640 einen Holzhändler, mit dem sie drei Kinder hatte. Die Malerei gab sie 1642 ganz auf – für dreißig Jahre. Erst nach dem Tod ihres Mannes nahm sie ihre künstlerische Arbeit erneut auf.

[22] Bekannte Beispiele sind Sophie Taeuber-Arp (1889, Davos – 1943, Zürich), Sonja Terk-Delaunay (1885, Gradiesk/Ukraine – 1970, Paris) oder Frida Kahlo (1910, Mexiko City – 1954, Mexiko City).

3 Kunstwissenschaft unter dem Blickwinkel des Feminismus

Die Frauenbewegung der 60er und 70er Jahre setzte auch in Kunst und Wissenschaft Impulse. In den Wissenschaften, vor allem in den Kultur- und Sozialwissenschaften, entwickelten sich neue Ansätze, die die geistigen und ideologischen Grundlagen der verschiedenen Disziplinen und der herrschenden Denkstrukturen zum Gegenstand eines umfassenden Diskurses machen. Vor dem Hintergrund der Lebenssituation der Frauen, ihrer Geschichte, ihrer gesellschaftlichen und individuellen Erfahrungen wurden die gesellschaftlichen Institutionen und die von ihnen vermittelten Bilder und Normen kritisch analysiert. Was bisher als „natürlich" galt, wurde nun in Frage gestellt, die mythischen Wurzeln vermeintlicher Fakten wurden aufgedeckt, die historische Konditionierung der bisherigen Sichtweise wurde offen gelegt. Die Neuorientierung schlug sich nieder in der Etablierung der „gender studies" im wissenschaftlichen Methodenkanon. Sie untersuchen die Wechselwirkungen zwischen gesellschaftsspezifischen Rollenklischees und den verschiedenen Bereichen gesellschaftlicher Wirklichkeit, zielen auf die Veränderung des Blickwinkels und der Realität.

Im Zusammenhang mit der feministischen Bewegung formulieren Künstlerinnen eigene Ansprüche und Erwartungen an den Kunstbetrieb und an die Gesellschaft. Daraus ergeben sich auch in den Kunstwissenschaften neue Fragestellungen. Diese zielen einerseits auf die Erhebung einer umfassenden Sozialgeschichte weiblicher Kunstproduktion, da über das künstlerische Schaffen von Frauen über viele Jahrhunderte hinweg nur wenig bekannt ist. Andererseits rückt die Frage nach einer weiblichen Ästhetik in den Blick; Forschungen sollen klären, ob und inwieweit sich eine eigene Bildsprache des Weiblichen nachweisen lässt. Ein dritter Themenbereich befasst sich mit der Darstellung der Frau in der Kunst, in verschiedenen Epochen und Ethnien. Diese neuen Positionen, Fragen und Forderungen, die Geschichte der Emanzipationsbestrebungen der Frauen seit der Französischen Revolution und deren Repräsentantinnen sind wiederum Gegenstand künstlerischer Auseinandersetzung.

3.1   Einblicke in die feministische Kunstbetrachtung

Innerhalb der Gruppe jener Kunsthistoriker und –historikerinnen, die ihrer Wissenschaft Impulse aus feministischer Perspektive geben wollen, ist die Dominanz des Männlichen in der Kunst zwar der gemeinsame Ausgangspunkt der Analyse, die Neuorientierung wird jedoch in unterschiedliche Richtungen gedacht.

3.1.1 Die Macht des Unbewussten: Kunst und Psychoanalyse

Die Bildende Kunst ist ein Zeichenschema, dessen Topoi oft unbewusst gedeutet werden und das verdeckt die herrschenden patriarchalischen Paradigmen reproduziert. Im Zusammenklang mit der „fundamentale[n] Asymmetrie der Macht"[23] im Gesellschaftlichen wie im Künstlerischen arbeitet die traditionelle Ikonographie gegen die Künstlerinnen. Eine feministisch orientierte Kunstwissenschaft, wie Roszika Parker[24] und Griselda Pollock[25] sie entwerfen, legt diesen Wirkzusammenhang offen, macht die sexuelle Konnotation künstlerischer Darstellungen bewusst, deckt dahinter liegende Ängste und Erwartungen auf und will letztlich die herrschenden Marktmechanismen aufbrechen. Sie greifen dabei vor allem auf die Erkenntnisse der Psychoanalyse zurück: Die Frau ist demnach aus männlicher Sicht sowohl Symbol der Kastration als auch Projektionsfläche narzistischer Phantasien. Zur Befreiung der Frauen aus dieser männlich dominierten Definition leistet die Körper-Kunst, wie Suzanne Santoro oder Judy Chikago sie präsentieren, einen wesentlichen Beitrag. Die bisher praktizierte verschleiernde Darstellung weiblicher Genitalien[26] diente der Verschleierung der Geschlechterdifferenz an sich, folgerichtig werden jene in den „Vaginabildern" zu einem zentralen Motiv der feministischen Kunst. Illustrative Begleittexte dabei sollen verhindern, dass dieser neue Ansatz in einer biologistischen Darstellung und Deutung stecken bleibt, der Frauen weiterhin als Körper, als Synonym für Natur und Gegenentwurf zum männlich besetzten Verstand definiert.

---

[23] Parker/Pollock in Söntgen (1996), 86

[24] Roszika Parker, London, Kunsthistorikerin und Psychoanalytikerin; Mitbegründerin des Women´s Art History Collective.

[25] Griselda Pollock, Professur für Social and Critical Histories of Art und Leiterin des Centre for Cultural Studies, Universität Leeds (UK); Mitbegründerin des Women´s Art History Collective.

[26] In diesen Zusammenhang gehört die „mythologische Nacktheit", die, obwohl Aktdarstellung, bewusst auf die Wiedergabe naturalistischer Details wie der Schambehaarung verzichtet.

3.1.2 Die Macht der Allegorie: Stilkritik und Feminismus

Ausgehend von Manets „Frühstück im Freien" beleuchtet Marcia Pointon[27] die Aktdarstellung und ihre Interpretation unter den Vorzeichen einer neuen, feministisch
orientierten Deutung. Sie betont den engen Zusammenhang zwischen der Darstellung und dem historischen Kontext ihrer Entstehung und rückt dabei die
Allegorie als zentrale Gestaltungskategorie der akademischen Malerei in den
Mittelpunkt ihrer Betrachtung. Konsequent geht sie einzelnen Deutungsanlässen
nach: der Geschichte des Aktmotivs, der Funktion und Bedeutung der Allegorie in
der akademischen Malerei, der zeitgenössischen Bewertung der „Grand peinture",
der Rolle von Kleidungsrequisiten in allegorischen Darstellungen, dem Gegensatz
von narrativer (männlicher) und allegorischer (weiblicher) Malerei.

Marcia Pointon nutzt die Mittel der Stilkritik und bewegt sich im Rahmen der traditionellen Kunstwissenschaft, erreicht aber in der Würdigung künstlerischer Darstel-
lungsformen durch neue Verknüpfungen zwischen Bildwerk, ästhetischen
Kategorien und politisch-historischem Kontext eine neue Qualität. Sie spürt den
realen Machtverhältnissen und deren Niederschlag in der zeitgenössischen Kunst
nach, deckt dabei auf, dass und inwieweit die Frau bzw. der weibliche Körper
innerhalb einer „textuellen Strategie"[28] zum Instrument der Bildsprache des
Künstlers und seiner Rezipienten wird: „Indem er die Autorität des Wortes in Frage
stellt, bringt der weibliche Körper die Unmöglichkeit einer erzählerischen
Geschlossenheit und damit der männlichen Macht zur Sprache. Die epische – und
mithin die männliche – Erwartung der Avantgarde wird durch die allegorische
Methode unterlaufen."[29]

3.1.3 Kunst, Ökonomie und Weiblichkeit

Kunstwerke werden je nach geschlechtlicher Provenienz unterschiedlich bewertet,
wobei in der Regel die Arbeiten von Künstlerinnen tendenziell als von geringerer
Qualität eingestuft werden. Kunstwissenschaftlerinnen, die im Übrigen in ihrem

---

[27] Marcia Pointon, Studium der Kunstgeschichte und der englischen Sprache und Literatur; Lehrtätigkeit, Emeritus der University of Manchester UK; Mitarbeiterin am Courtauld Institute of Art, London.
[28] Pointon in Söntgen (1996), 186
[29] Pointon ebenda, 187

Berufsfeld von dieser Abwertung ebenfalls betroffen sind, lesen dies an der Ausstellungs-, Ankaufs- und Personalpolitik der Museen, Sammler und Galerien ab. So weist Gislind Nabakowski[30] darauf hin, dass im Los Angeles County Museum zwischen 1962 und 1972 52 Künstler in einer Einzelausstellung gewürdigt wurden, aber nur eine Künstlerin. Die Situation in Deutschland ist vergleichbar: Zwischen 1971 und 1976 erwarb die Bundesrepublik Deutschland neun Bilder von Künstlerinnen, aber 109 Arbeiten männlicher Kollegen. Die Begründung dieses Sachverhalts sieht sie in ökonomischen Mechanismen: Künstlerinnen stehen unter dem Generalverdacht, ihre Karriere nicht konsequent zu betreiben, ihre Arbeiten bringen deshalb einen geringeren Wertzuwachs, was ihre Attraktivität für Sammler mindert. Damit wirken sich die traditionellen Rollenbilder ökonomisch doppelt negativ aus: Frauen wird der Zugang zu einer professionellen Laufbahn als Künstlerin erschwert. Gelingt es ihnen, den Klischees zu trotzen und sich beruflich als Künstlerinnen zu etablieren, müssen sie mit geringeren Verkaufserfolgen zufrieden sein.

Dass auch im 21. Jahrhundert noch keine grundlegende Veränderung eingetreten ist, zeigt Petra von Olschowski[31] mit einem Zahlenvergleich zwischen Studienabsolventen und Stellenbesetzungen im Kulturbereich. So sind 20% der europäischen Theater-, Film- und Museumsdirektoren Frauen, gleichzeitig stellen sie aber 80 bis 100% der Studierenden im Bereich Kunstgeschichte z. B. an der Universität Stuttgart. Um dieser Marginalisierung auf Dauer entgegen wirken zu können, müssen Frauen alternative Strukturen aufbauen, seien es Netzwerke (Olschowski) oder eigenständige Einrichtungen wie das „Womanhouse"[32] in Los Angeles (Nabakowski)

---

[30] Nabakowski (1980), Kapitel 2, 5
Gislind Nabakowski, Lehrtätigkeit an der Staatlichen Hochschule für Bildende Künste Düsseldorf, an der Universität Lüneburg und an der HfG Karlsruhe; journalistische Tätigkeit.

[31] Petra von Olschowski, Dozentin für Kunstgeschichte und Kostümkunde an der Staatlichen Modeschule Stuttgart; Redakteurin der Stuttgarter Zeitung; seit 2002 Geschäftsführerin der Kunststiftung Baden-Württemberg.

[32] In unmittelbarer Nähe zu den Hollywood-Studios gelegen, bot es den Frauen die Gelegenheit, eine Gegenwelt zur Traumfabrik zu etablieren. Es bot ihnen einen Ort für Gespräche und Erfahrungsaustausch, gleichzeitig konnten sie ihre handwerklichen Fähigkeiten beim Renovieren entwickeln, das Haus anschließend als Gesamtkunstwerk präsentieren und für weitere Ausstellungszwecke nutzen.

3.1.4 Der Mann als Forschungsobjekt

Betrachtet man die sich entwickelnde Moderne zu Beginn des 20. Jahrhunderts, fällt auf, dass die Haltung ihrer männlichen Vertreter gegenüber Frauen im Allgemeinen und Künstlerinnen im Besonderen oft sehr traditionell, wenn nicht gar chauvinistisch geprägt war. Vor dem Hintergrund einschneidender gesellschaftlicher und ökonomischer Veränderungen entwickelten viele Künstler spezifische Verhaltensweisen, die sich aus einer gemeinsamen Grundhaltung ableiteten: der inszenierten Männlichkeit. Dabei bezog sich dies weniger auf die künstlerische Darstellung als vielmehr auf jene Kategorien, die sie als gesellschaftliche Individuen und damit als soziale Gruppe definieren. Lisa Tickner[33] erhebt eben diese Seite des Modernismus unter dem Stichwort „Parade/Maaskerade" zum Gegenstand feministischer Forschung: „Männlichkeit ist ein Problem für den Feminismus (für Frauen nicht weniger als für Männer), und Feminismus wie Kunstgeschichte können den »Mythos ihrer Ursprünge« und die Interessen der Moderne ein wenig erhellen, wenn sie diese aufkommenden und provisorischen Möglichkeiten unter die Lupe nehmen."[34]

Tickner geht bei ihren Untersuchungen vor allem auf das Phänomen ein, dass sich selbst in offen chauvinistischen Künstlergruppen wie den Anhängern des Vortizismus[35] vereinzelt weibliche Mitglieder finden. Sie führt dies auf den dort gepflegten „Kult der rauen Männlichkeit und des nitzeanischen Egoismus"[36] zurück, der es den Frauen erlaubt, sich dem herrschenden Rollenklischee zu entziehen und ihnen damit „die Gelegenheit für eine *feministische* Ablehnung der Wirklichkeit"[37] bot.

---

[33] Lisa Tickner, Professorin emerita für Kunstgeschichte an der Universität Middlesex; seit 2007 Mitarbeiterin am Courtauld Institute of Art, London; Mitherausgeberin der Zeitschrift „Art History".
[34] Tickner in Söntgen (1996), 276
[35] Vortizismus (lat. vortex, Wirbel, Sturm). Ezra Pound prägte den Begriff 1914 für eine Gruppierung englischer Künstler und Literaten, zu denen auch er sich zählte.
[36] Ebenda, 288
[37] Ebenda, 294

3.2 *Linda Nochlin und die feministische Kunstwissenschaft*

Linda Nochlin betont die Rolle der Institutionen sowohl für die Konstituierung gesellschaftlicher Wirklichkeit als auch für deren Veränderung. Emanzipation ist damit nicht mehr nur eine individuelle Angelegenheit, sondern ein gesellschaftliches Problem. Innerhalb des anzustrebenden Prozesses der Veränderung sieht sie in der Außenseiterrolle der Frauen einen Vorteil: die gesellschaftlich auferlegte Distanz, ihre Ausgrenzung aus herrschenden Institutionen erleichtert ihnen das Abrücken von der vorgeblich neutralen Position des „man". Fernab der Machtstrukturen haben sie nichts zu verlieren, sondern können im Gegenteil künstlerisch und gesellschaftlich neues Territorium betreten. Damit erschließt sie den Frauen einen inneren, gedanklichen Freiraum, der die Entwicklung von Gegenmodellen und Alternativen fördert. Es geht nicht nur darum, zwischen vorhandenen Positionen zu wählen: männlich oder weiblich; es geht um die Ablösung dieses dichotomen Denkens an sich. Damit geht Nochlin indirekt auf eine Beobachtung ein, die sich bei Lisa Tickner wie auch bei Gislind Nabakowski[38] findet, dass nämlich eine Schwierigkeit im Emanzipationsstreben der Frauen sich daraus ergibt, dass die Männer sich nicht in diesen Prozess hinein begeben. Sie fordert deshalb konsequent institutionelle Veränderungen, die beide Positionen mit einbeziehen, die das künstlerische Metier für Männer wie für Frauen als selbstverständliche Berufspraxis verfügbar machen und eine grundlegende Neubewertung künstlerischer Leistung unabhängig vom Geschlecht herbeiführen.

---

[38] Vgl. dazu Nabakowski (1980), Kapitel 2, 1

4 Schlussbemerkung

Formal sind Frauen gleichberechtigt, ihre mangelnde Präsenz in vielen öffentlichen Bereichen zeigt jedoch, dass dieser Anspruch bis heute im gesellschaftlichen Alltag vielfach nicht eingelöst wird. Dies gilt auch für die Kunst und die Kultur. Die große Zahl praktizierender Künstlerinnen findet keine Entsprechung in den Ankäufen der Sammler und Museen oder in den Ausstellungskonzepten.[39] Die Frage nach den Ursachen dieses Sachverhalts ist immer auch eine Frage nach möglichen Strategien der Veränderung. Diese können in zwei Richtungen zielen: einerseits Kampf um Zugang zum Establishment, andererseits Aufbau alternativer Strukturen. Linda Nochlin eröffnet mit ihrem Ansatz Handlungsmöglichkeiten, indem sie die Institutionen und deren Rolle im gesellschaftlichen Prozess in den Blickpunkt rückt.

Wie notwendig diese Arbeit kultur- wie gesellschaftspolitisch ist, zeigt auch die Tatsache, dass es schon im 19. Jahrhundert und zu Beginn des 20. Jahrhunderts vereinzelte Bemühungen zu einer neuen Würdigung weiblichen Kunstschaffens durch Ausstellungen und Veröffentlichungen gab, diese jedoch vollkommen in Vergessenheit gerieten.[40] Trotz der teils vehementen Aktionen im Zusammenhang mit der Frauenbewegung der 60er und 70er Jahre wird überwiegend die Arbeit von Künstlern tradiert; die „alten" Mechanismen und Strukturen wirken also immer noch. Die Gesellschaft befindet sich noch immer auf dem Weg vom Sonderfall „Frau in der Kunst" hin zur Selbstverständlichkeit weiblichen Kunstschaffens und weiblicher Teilhabe am Kunstbetrieb, wie Lu Märten sie bereits 1914 im Vorwort zu ihrer Schrift „Die Künstlerin" formulierte und einforderte: „Ich betone, dass ich mich absichtlich nicht mehr auf die Frage oder Behauptung einlasse, ob die Frauen jemals zu Kunsttaten – Genialität, usw. fähig seien, oder nicht. Ich setze vielmehr voraus, dass sie es sind, und untersuche die Hemmungen dieser geistigen und sozialen Expansion – des genialen Seins."[41]

---

[39] Siehe dazu Richter/Theißen (2002). Hier finden sich aktuelle Zahlen für das Land Nordrhein-Westfalen aus verschiedenen Sparten der Kulturarbeit.
[40] Vgl. dazu Wenk (2002), Kapitel 4
[41] Märten zit. n. Kuni (2002), Abschnitt 3

Literatur

LAWRENCE, Cynthia *Women and Art in Early Modern Europe. Patrons, Collectors and Connoisseurs*, Pennsylvania 1997

NOCHLIN, Linda *Warum hat es keine bedeutenden Künstlerinnen gegeben?* In: Beate Söntgen (Hg.), Rahmenwechsel. Kunstgeschichte als feministische Kulturwissenschaft, Berlin 1996

NOCHLIN, *Linda Why have there been no great women artists?* In: dies., Women, Art and Power and Other Essays, London 1989

PARKER, Roszika/POLLOCK, Griselda *Dame im Bild* In: Beate Söntgen (Hg.), Rahmenwechsel. Kunstgeschichte als feministische Kulturwissenschaft, Berlin 1996

PARKER, Roszika/POLLOCK, Griselda *Old Mistresses. Women, Art and Ideology*, London 1981

PEVSNER, Nikolaus *Die Geschichte der Kunstakademien*, München 1986

POINTON, Marcia *Rate, wer zum Essen kommt! Allegorie und Körper in Manets Frühstück im Freien* In: Beate Söntgen (Hg.), Rahmenwechsel. Kunstgeschichte als feministische Kulturwissenschaft, Berlin 1996

RICHTER, Barbara/THEISSEN, Ursula *Geschlechtergerechtigkeit in der Kultur.* Beitrag zur Dokumentation der Fachtagung „Welches Geschlecht hat die Kultur?", Dortmund 2007

SELLO, Gottfried *Malerinnen aus vier Jahrhunderten*, Hamburg 1997

SELLO, Gottfried *Malerinnen des 20. Jahrhunderts*, Hamburg [4]2000

SÖNTGEN, Beate (Hg.) *Rahmenwechsel. Kunstgeschichte als feministische Kulturwissenschaft*, Berlin 1996

Tickner, Lisa *Männerarbeit? Männlichkeit und Moderne* In: Beate Söntgen (Hg.), Rahmenwechsel. Kunstgeschichte als feministische Kulturwissenschaft, Berlin 1996

VASARI, Giorgio *Künstler der Renaissance. Lebensbeschreibungen der ausgezeichnetsten Maler, Bildhauer und Architekten der Renaissance*, Berlin [5]1920

WENK, Silke *Geschlechterdifferenz und Kulturarbeit.* Beitrag zur Dokumentation der Fachtagung „Welches Geschlecht hat die Kultur?", Dortmund 2007

Internetquellen

DOKUMENTATION zur Fachtagung *„Welches Geschlecht hat die Kultur?"*,
Dortmund 20002 über: http://www.lwl.org/lwl-
download/gleichstellung/Doku28112002.pdf (Zugriff: 26.02.2007)

GRIESEBNER, Andrea/LUTTER, Christina *Geschlecht und Kultur. Ein Defini-
tionsversuch zweier umstrittener Kategorien* über:
www.fhs.cuni.cz/kolegium/griesebner1.pdf (Zugriff: 26.02.2007)

http://www.courtauld.ac.uk/people/tickner-lisa.shtml
(Vita Lisa Tickner, Zugriff: 26.02.2007)

http://www.hatjecantz.de/controller.php?cmd=artinfo&id=6
(Vita Petra von Olschowski, Zugriff: 20.01.2007)

http://www.marciapointon.org/ (Vita Marcia Pointon, Zugriff: 26.02.2007)

http://www.pitt.edu/~arthome/faculty/harris/
(Vita Linda Nochlin, Zugriff: 20.01.2007)

http://www.pitt.edu/AFShome/a/r/arthome/public/htm/faculty/harris/ (Vita Ann
Sutherland Harris, Zugriff: 20.01.2007)

KUHLMANN, Dörte *Gender in der Kunst- und Architekturwelt* über:
http://www.gendernet.udk-berlin.de/downl/gzine3_kuhlmann.pdf
(Zugriff: 26.02.2007)

KUNI, Verena *Die Künstlerin als Arbeiterin (an) der Gesellschaft. Lu Märtens
zeitgemäße Betrachtungen zur Ökonomie der namenlosen Genialität*, 2002 über: www.querelles-net.de (Zugriff: 20.01.2007)

NABAKOWSKI, Gislind *Frauen in der Kunst*, 1980 über:
www.haussite.net/haus.0/Script/txt2000/01/G_N_1_X.htm
(Zugriff: 20.01.2007)

OLSCHOWSKI, Petra von *Frauen in Kunst und Kultur*, über: www.frauen-
aktiv.de/aktiv/21/seite3.php (Zugriff: 20.01.2007)